Max Feigenwinter

Keiner ist eine Insel

... und das ist unsere Chance

DAS LEBEN IST ZUM LEBEN DA

Wir können unserem Leben nicht mehr Tage, aber unseren Tagen mehr Leben geben.

Wir kennen diesen Satz. Doch den Tagen mehr Leben geben, das ist gar nicht so einfach. Viele Menschen nehmen das Gute und Schöne, das sie umgibt, gar nicht wahr, obwohl sie es schön haben und glücklich sein wollen. Das Positive sehen und auskosten kann aber heilsam sein: „Es fördert Gesundheit und Lebensfreude, Zufriedenheit, Selbstwert und Wohlbefinden, verbessert unsere Achtsamkeit, Gelassenheit und Konzentration, lässt uns freundlicher und beziehungsreicher agieren." (Andreas Huber)

Auf das Gute zu schauen können wir jeden Tag üben. Es geht darum, dass wir uns entsprechend einstellen, das Positive wahrnehmen, uns daran erfreuen, mit anderen darüber sprechen, es vielleicht auch aufschreiben. Manchmal kann es gut sein, uns an Positives zu erinnern. Kleine Symbole können dabei helfen, schöne Ereignisse nicht zu vergessen. Manchmal ist es aber auch so: Wir bemühen uns jeden Tag, gute Arbeit zu leisten, Gutes zu tun. Doch es wird nicht gesehen oder anerkannt. Wir dürfen uns dann selbst auf die Schultern klopfen und uns sagen: „Das habe ich gut gemacht, ich freue mich."

Lassen wir uns Zeit, wenn wir Schönes erleben. Ein Spaziergang am Morgen kann uns Kraft für den ganzen Tag schenken.

Max Feigenwinter

Die kurze Rast ist ein Geschenk.

Ich genieße
die wärmende Sonne
und den frischen Morgenwind;
freue mich
an den glitzernden Tautropfen
und den bunten Schmetterlingen;
staune
über die Vielfalt der Formen
und die Intensität der Farben;
danke
für all diese Wunder,
die uns geschenkt sind.

GABE UND AUFGABE

Keiner wird gefragt, ob er auf die Welt kommen will. Von Anfang an und lange Zeit sind wir ganz und gar von anderen abhängig. Ohne liebende und sorgende Menschen würden wir nicht überleben. Wir werden gefördert und gefordert, lernen unsere Möglichkeiten und unsere Grenzen kennen. Es ist ein Wunder, dass trotz der Milliarden von Menschen jeder einzigartig ist. Religiöse Menschen sagen, jeder Einzelne sei eine Fantasie Gottes und es sei unsere Aufgabe, zu sein, wie Gott uns gedacht habe.

Doch wer und wie sind wir letztlich? Wir werden es wohl nie ganz wissen. Unsere Aufgabe ist es, uns immer wieder neu kennenzulernen, zu entdecken und zu entwickeln, was angelegt ist, und es einzusetzen zum Wohl unserer Mitmenschen.

Viele werden von Kindheit an zurechtgebogen. Sie dürfen nicht sein, was sie zutiefst sind. Sie müssen sich wehren, wenn sie sich nicht verlieren wollen. Andere haben Menschen an ihrer Seite, die ihnen helfen, ihren Weg zu finden und ihn trotz aller Hindernisse auch zu gehen. Aber das fordert. Immer wieder gibt es Situationen, da wir in Versuchung kommen, Dinge zu tun, die uns nicht entsprechen, uns überfordern oder uns schaden. Immer wieder meinen wir, etwas vortäuschen zu müssen, damit wir andere nicht enttäuschen. Dabei kann es befreiend sein, der inneren Stimme zu vertrauen. Oder auf Menschen zu bauen, die zu uns Ja sagen.

Ich glaube, dass ich sein darf, wie ich bin.
Von Anfang an so gedacht, so gewollt.

Meine Aufgabe ist es,
zu entdecken und zu entfalten,
was angelegt ist;

anzunehmen, was ist,
auch wenn ich manches nicht verstehe;

einzustehen für das,
was ich zutiefst empfinde,
auch wenn es manchen nicht gefällt.

Ich will ehrlich sein,
mir nichts vormachen
und mich nicht täuschen lassen.

Ich werde mich wehren
gegen alle,
die mir sagen, wie ich sein müsste,
und gegen alles,
was mich von meinem Weg abbringt.

Ich vertraue der Stimme tief in mir,
die mir immer wieder sagt:
Du darfst sein wie du bist.

MIT KLEINEN SCHRITTEN ZUFRIEDEN SEIN

Vieles, das mir früher wichtig war, hat an Bedeutung verloren. Ich genieße es, manches nicht mehr machen zu müssen, freue mich an Dingen, die ich früher kaum wahrgenommen habe, bin dankbar für neue Erfahrungen und die Stunden, in denen niemand etwas von mir verlangt. Ich sehe, dass viele Ideen nicht realisiert worden sind, erfahre, dass manches schwerer fällt, bin gelassener, wenn manches nicht gelingt. Ich kann besser annehmen, was ist, bleibe unterwegs, bin ruhiger, bedächtig, fühle mich beschenkt und freue mich an jeder Begegnung.

Ich nehme wahr,
was geschieht,
was ist,
was fehlt.

Ich nehme an,
was mich fordert,
was mich belastet,
was ich nicht verstehe.

Ich freue mich
an kleinen Erfolgen,
stimmigen Begegnungen,
guten Gesprächen.

Ich will immer wieder
anhalten und ruhig werden,
die nächsten Schritte planen,
achtsam unterwegs bleiben.

Auch wenn ich
die richtigen Worte oft nicht finde,
den gewünschten Ton nicht treffe,
den richtigen Zeitpunkt verfehle;
auch wenn
viele Ideen nicht verwirklicht werden,
viele Projekte nicht erfolgreich sind,
viele Träume unerfüllt bleiben,
viele Ziele nicht erreichbar waren,
bin ich zufrieden.

Ich habe mich bemüht,
freue mich an dem, was gelungen ist,
und nehme an,
dass manches Stückwerk bleibt.

SEINE ZUFRIEDENHEIT IST MIR BEISPIEL

Wenn ich am Morgen von meinem Spaziergang auf dem Heimweg war, traf ich ihn oft. Schon einige hundert Meter vorher dachte ich: „Wird er wohl wieder vor dem Haus stehen?“ Meist stand er auf dem kleinen Plätzchen, die Hände tief in den Hosentaschen, immer dieselbe Mütze auf dem Kopf. Oft schien mir, er würde ganz zufrieden etwas kauen. Manchmal schaute er ins Tal, das ihm seit Jahrzehnten vertraut war. Manchmal genoss er es, wenn Wanderer vorbeikamen. Ich glaube gemerkt zu haben, dass es ihn ganz besonders freute, wenn es hübsche Frauen waren.

Ich freute mich, wenn er da war, grüßte ihn freundlich. Oft sagte er vorerst nur: „Schon auf dem Heimweg?“ Dies aber in einer ganz originellen, freundlichen, herzlichen Art. Ich antwortete ihm, ohne anzuhalten, aber ebenso freundlich. Nach und nach sprachen wir ein paar Sätze miteinander. Er fragte mich, wo ich gewesen sei, ob noch Schnee liege. Einmal erzählte er mir, dass es in den Vierzigerjahren im März noch fünfzig Zentimeter Schnee gegeben habe. Mir schien, er würde dies nochmals erleben.

Wenn er nicht da war, fehlte mir etwas. Ich blickte zu der kleinen Bank, auf der er oft saß. Wenn er schaute, warf ich ihm freundlich „Guten Tag“ zu. Und er antwortete immer gleich: „Ja, guten Tag.“ Dabei hob er oft den rechten Arm, als würde er mir zuwinken.

Später sprachen wir öfters miteinander. Er wurde immer gesprächiger. Auf dem Heimweg dachte ich an ihn, diesen alten Mann, der keine großen Wünsche mehr hatte, nicht weit verreisen wollte und rundum zufrieden war. Er strahlte mit seiner Herzlichkeit und seiner Freundlichkeit viel Positives aus.

Eines Tages war er nicht mehr da. Ich schaute länger als sonst und blieb sogar stehen. Kurze Zeit später erhielt ich einen Anruf: Der alte Mann sei gestorben. Ich erschrak. Plötzlich tauchten vor meinem Innern viele Bilder auf. Ich hörte seine Stimme und spürte große Trauer. Den alten Mann, der mir so viel bedeutete, werde ich nicht wiedersehen. Er wird mir fehlen, und ich bedauere, dass ich ihm nie gesagt habe, was mir unsere kurzen Begegnungen bedeuteten. Mir bleiben Erinnerungen. Wenn ich an seinem Haus vorbeigehe, werde ich ihn wohl wieder sehen und hören, aber anders. Und ich werde ihm lautlos sagen, was ich vorher leider versäumt hatte.

LERNEND UNTERWEGS BLEIBEN

Oft spricht man vom lebenslangen Lernen. Viele denken dabei an berufliche Weiterbildung, die notwendig ist, weil sich vieles sehr schnell ändert. Wer weiterkommen will, muss sich weiterbilden, heißt ein Slogan. Was für das Berufsleben gilt, gilt allgemein. Viele müssen lernen, ihre Kinder loszulassen und als Paar allein zu leben. Manche müssen lernen, als Rentner zu leben und weniger feste Verpflichtungen zu haben. Andere müssen lernen, mit dem Verlust eines Kindes oder des Partners fertig zu werden. Und wohl die meisten müssen lernen, mit gesundheitlichen Beeinträchtigungen zu leben. Meine Mutter, die zeitlebens nur Dialekt sprach, musste im hohen Alter lernen, Hochdeutsch zu sprechen, da sie von einer Tschechin gepflegt wurde.

Wir werden heute wesentlich älter als vor fünfzig Jahren. Viele haben nach ihrer Berufszeit die Möglichkeit, mit weniger Verpflichtungen auf ihr Leben zurückzublicken und sich neu zu orientieren. Viele ergreifen dabei neue Initiativen, ihre Möglichkeiten für Mitmenschen einzusetzen und zu verwirklichen, was früher zu kurz kam. Sie wagen Neues und fühlen sich freier als je zuvor. Doch gleichgültig, in welchem Alter wir uns befinden: Wir sind ein Leben lang lernend unterwegs zu uns selbst.

Die Spuren, die mir gestern
hilfreich und zielführend waren,
helfen mir heute nicht weiter.

Worte, die mir lange
viel bedeuteten,
haben ihren Wert verloren.

Bilder, die jahrelang
mein Denken beeinflussten,
sind heute bedeutungslos.

Menschen,
die mich stark prägten,
leben nicht mehr.

Ich muss meinen Weg finden,
mich den Aufgaben stellen,
jetzt leben.

BEHUTSAM SEIN

Täglich begegnen wir vielen Menschen. Selten wissen wir, wie ihnen zumute ist, was sie beschäftigt oder belastet. Auch wenn wir nachfragen „Wie geht es dir?“, erhalten wir meist die Antwort „gut“, selbst wenn dies gar nicht stimmt. Weil wir nicht wissen, was im anderen vorgeht, ist es wichtig, ihm respektvoll und behutsam zu begegnen. Auch wir genießen es, Menschen um uns zu haben, die wirklich zuhören und uns verstehen wollen; Menschen, die feinfühlig wahrnehmen, Geduld haben, aber auch annehmen, wenn wir Grenzen setzen. Wenn wir achtsam sind, genauer hinhören und hinsehen, schaffen wir Vertrauen und ermöglichen dem anderen, zu sich selbst zu stehen und das zu werden, was er wirklich ist.

Ich möchte dir so begegnen,
dass deine Angst schwindet,
Ruhe einkehrt und Sicherheit wächst.

Ich möchte dir so begegnen,
dass du wagst, nach innen zu schauen,
alles anzunehmen, was ist,
und deine Fragen zu stellen.

Ich möchte dir so begegnen,
dass du sagst, was dich zutiefst betrifft,
was dich freut und schmerzt,
was du brauchst und wünschst.

Ich möchte dir so begegnen,
dass du an dich glaubst,
dich bedingungslos annimmst
und immer wieder Neues wagst.

Ich möchte dir so begegnen,
dass du wagst, Nein zu sagen,
Grenzen zu setzen und deinen Weg zu gehen.

Ich möchte dir so begegnen,
dass du wachsen und reifen kannst,
auf die Stimme deines Herzens hörst

und dir treu bist.

VERTRAUEN

Wie oft hören wir Sätze wie: „Du musst nur Vertrauen haben, dann geht es schon." Oder: „Ohne Selbstvertrauen kommst du nicht weiter." Aber wie kommt dieses Vertrauen zustande? Vieles hängt von den Menschen ab, denen wir begegnen; sie fördern uns, wenn sie mit ihrer Haltung dazu beigetragen, dass wir uns besser annehmen können und sein dürfen, wie wir sind. Wenn wir einander vertrauensvoll begegnen, gewinnt eine Beziehung an Qualität und Tiefe. Sie wird wertvoller. Wir dürfen und sollen einander etwas zutrauen, einander etwas zumuten. Oft werden wir aber unterschiedlicher Meinung sein und einander nicht verstehen. Das kann uns fordern. An solchen Situationen können wir aber auch wachsen, wenn wir uns selbst und den anderen ernst nehmen.

Ich habe Vertrauen zu dir,
du hast Ideen,
drängst sie mir aber nicht auf;
du hast Antworten,
lässt mich aber die meinen selbst finden;
du hast Ansichten,
nimmst aber auch meine ernst;
du weißt einen Rat,
freust dich aber, wenn ich ihn nicht brauche;
du siehst einen Weg,
aber du lässt mich den meinen gehen.

Ich habe Vertrauen zu dir,
du stellst dich infrage
und anerkennst meine Ansätze;
du lernst
und verzichtest darauf, mich zu belehren;
du forderst dich
und suchst Wege, mich zu fördern;
du lässt mich los,
damit ich mich selbst finden kann.

Ich habe Vertrauen zu dir,
deine Wärme,
deine Ruhe,
deine Sicherheit,
deinen Bescheidenheit,
deine Geduld,
dein Verständnis
lassen mich immer mehr entdecken,
was und wer ich bin,
was und wer ich sein kann.

Sie geben mir Mut und Zuversicht,
zu mir Ja zu sagen,
mich zu entfalten,
ganz zu sein.

Ich habe Vertrauen zu dir,
bin dir dankbar,
dass ich neben dir wachsen kann.

FÜREINANDER DA SEIN

Wir alle erleben Situationen, da wir enorm gefordert, gar überfordert werden: wir bestehen eine Prüfung nicht, verlieren die Arbeitsstelle, eine Freundschaft geht in die Brüche, durch einen Unfall verlieren wir Hab und Gut, ein uns nahestehender Mensch wird sehr krank oder stirbt allzu früh. In solchen Momenten sind wir niedergeschlagen, kraftlos, sehen keinen Weg, vielleicht sogar keinen Sinn mehr. Wir zweifeln an allem und jedem, verzweifeln gar, kommen alleine nicht weiter. Wie hilfreich ist dann ein Mensch, der einfühlsam, verstehend da ist, uns Halt gibt.

Jedes Wort,
das tröstet;
jeder Blick,
der ermutigt;
jede Geste,
die unterstützt;
jede Berührung,
die belebt;
jedes Verhalten,
das stärkt,
hilft,
dass Menschlichkeit wächst.

Manchmal,
wenn alles dunkel ist,
wenn wir keinen Sinn mehr sehen
und alles wertlos scheint;
wenn wir keine Kraft haben
und Hoffnung fehlt;
wenn wir keinen Weg sehen
und alles belastend ist;
wenn wir an allem zweifeln
und jede Aufforderung zu viel ist,
brauchen wir einen anderen Menschen,
einen wirklichen Menschen,
der zu uns steht,
nichts fordert und verlangt;
der uns versteht,
statt urteilt und verurteilt;
der einfach da ist:
einfühlend und geduldig,
zutrauend und vertrauend,
ermutigend und stärkend.

Manchmal brauchen wir
einen anderen Menschen,
der einfach da ist,
wirklich da ist.

Und vielleicht können wir manchmal
einem anderen Menschen dieser Mensch sein.

WUNDER GESCHEHEN

Wir Menschen sind länger als jeder andere Säuger abhängig von Menschen, die uns geben, was wir zum Leben brauchen. Eltern bemühen sich zu spüren, was ihrem Kind entspricht, und sie setzen viel ein, damit es wachsen kann, zufrieden und glücklich ist. Leider gibt es auch Menschen, die auf vieles verzichten müssen: Es fehlt ihnen an Geborgenheit und Liebe, sie haben keine Mitmenschen, die sie verstehen und einfühlend begleiten. Niemand hilft ihnen, ihre Werte zu entdecken und Vertrauen zu entwickeln. Sie erleben die Welt oft feindselig, sind misstrauisch und abweisend, obwohl sie nichts sehnlicher suchen als Verständnis, Zärtlichkeit, Liebe.
Wenn diese Menschen einem anderen Menschen begegnen, der mehr an sie glaubt als sie selbst an sich glauben können; einem Menschen, der trotz allem Misstrauen vertraut, der geduldig bleibt und die Bedürfnisse, die lange verdrängt worden sind, ernst nimmt, können Wunder geschehen. Dann können Menschen vielleicht zum ersten Mal sagen, was sie wirklich fühlen und denken; dann wagen sie, sich zu öffnen, weil sie nicht fürchten müssen, wieder verurteilt zu werden; dann wagen sie Neues, weil sie weniger Angst haben, Fehler zu begehen. Menschen können Wunder bewirken.

HEUTE GING DIE SONNE AUF

Eine Frau erzählte mir, sie hätte endlich wieder einen freien Nachmittag gehabt. Sie freute sich darauf, ihn ganz und gar zu genießen. Nach dem Mittagessen, als alle aus dem Haus waren, überlegte sie sich, was sie wohl unternehmen könnte: einen Spaziergang im nahen Wald, ein spontanes Treffen mit einer guten Kollegin, ungestörtes Lesen in dem Buch, das sie kürzlich gekauft hatte. All das waren Möglichkeiten, die sie reizten. Es war für sie selbst überraschend, dass sie auf einmal daran dachte, die Schwiegermutter im Nachbardorf zu besuchen. Die letzte Begegnung lag schon länger zurück. Es war eine seltsame Beziehung zwischen ihr und dieser alten Frau: kein Konflikt, keine Spannung, aber auch wenig Nähe, schon gar nicht Herzlichkeit. Sie hatte ja eigene Kinder, die in erster Linie für den Besuch zuständig waren. Je länger sie an die alte Frau und an einen Besuch im Altersheim dachte, desto mehr rückten die anderen Möglichkeiten in den Hintergrund. Sie hatte sich entschieden, machte sich auf und freute sich sogar auf den Besuch.

Als sie in das Zimmer der Schwiegermutter trat, schaute diese verwundert. Damit hatte sie nun wirklich nicht gerechnet, und sie sagte spontan: „Das gibt es ja nicht, jetzt schneit es schwarzen Schnee." Die Freude im Gesicht der alten Frau machte es der Schwiegertochter leicht, sie herzlich zu begrüßen, und schon bald sprachen sie über manches, das die alte Frau beschäftigte und belastete. Vieles war ihr nicht mehr möglich, die Sehkraft war zurückgegangen, sie hörte schlecht, das Gedächtnis hatte große Lücken. Oft machte es ihr Mühe, die richtigen Worte zu finden.

Die junge Frau staunte, wie leicht es ihr fiel, sie geduldig anzunehmen. Von Moment zu Moment entstand eine nie da gewesene Nähe. Die junge Frau schlug ihrer Schwiegermutter vor, das Zimmer ein wenig aufzuräumen, verwelkte Blumen wegzuwerfen. Diese nahm die Hilfe gerne an, ließ sich sogar die Haare waschen und kämmen. Es war spürbar, wie sie die Nähe genoss. Und die junge Frau spürte, wie wohltuend es für sie war, der alten Frau diese Stunden zu schenken.

Nach zwei Stunden, die für beide sehr schnell, zu schnell vorbei waren, mussten sie sich verabschieden. Die alte Frau hielt die Hände der jungen ganz fest und lange, schaute ihr in die Augen und sagte: „Heute ging in dieser Stube die Sonne auf. Ich danke dir." Beide sahen einander lange an, sahen die feuchten Augen der anderen. Beide fühlten sich bereichert.

Es war kein freier Nachmittag, aber ein Nachmittag, an dem neue Möglichkeiten freigesetzt wurden.

Ich wünsche dir,
dass dir immer wieder
Menschen liebend begegnen;
Menschen, die zu dir Ja sagen,
damit das,
was schon immer da war,
wachsen und reifen kann.

Wir brauchen Menschen
mit Augen,
die die Not und Bedürftigkeit der Mitmenschen sehen;

mit Ohren,
die die Bitten und Seufzer hören und verstehen;

mit Händen,
die aufrichten und liebevoll halten;

mit einem feinen Gespür,
das Neues ermöglicht;

mit Worten,
die trösten und ermutigen;

mit Wohlwollen,
das Vertrauen weckt.

Wir brauchen liebende Menschen,
die uns annehmen,
auch wenn ihnen manches nicht gefällt.

GEBEN UND NEHMEN

Während vieler Jahre habe ich als Erwachsenenbildner Kurse ausgeschrieben und Menschen eingeladen, sich mit konkreten Fragen und Problemen, Wünschen und Bedürfnissen auseinanderzusetzen. Es war und ist für mich immer wieder ein großes Geschenk, erleben zu dürfen, wie Menschen – wenn sie in Gemeinschaft sind – sich in kurzer Zeit näherkommen, wie Vertrauen entsteht und Wohlwollen wächst.Sie erinnern sich noch nach Jahren an das eine oder andere Gespräch, an diese oder jene Übung. Oft entstehen tiefe Beziehungen, wenn sich niemand mit Erfolgen und Titeln brüsten muss, sondern sich ganz einfach als Mensch zeigen darf. Als Mensch, der sich bemüht und manchmal selbst Mühe hat.

IM MITEINANDER STARK WERDEN

Vor einiger Zeit durfte ich an der Tagung „Frauenhilfe nach Krebs" in Baden-Württemberg ein Referat halten zum Thema „Für Menschen in Not da sein". 130 Frauen nahmen an diesem Anlass teil. Sie alle hatten irgendwann die Diagnose Krebs erhalten. Viele hatten Operationen, Chemotherapien hinter sich. Bei einigen ist der Krebs besiegt, einige leben mit der Ungewissheit, es würden sich wieder Metastasen bilden. Diese Frauen haben etwas gemeinsam: Sie setzen sich für Mitmenschen ein, die ebenfalls krebskrank sind.

Ich dachte mir im Voraus, es sei wohl eine bedrückte Atmosphäre, auf so viele Frauen zu treffen, die gegen den Krebs gekämpft haben oder noch immer kämpfen. Doch ich hatte mich getäuscht. Alle trugen das grüne Band als Zeichen ihrer Vereinigung. Sie gingen strahlend aufeinander zu, sprachen angeregt miteinander. Einige waren schwach, bewegten sich sehr langsam. Aber auch sie waren offen, zufrieden, irgendwie gelassen. In einem Workshop wurde getanzt. Am Abend wurde dem Plenum vorgeführt, was zuvor geübt worden war. Ich war fasziniert und staunte, dass diese Frauen so viel Lebensmut, Freude und Herzlichkeit zeigten. Oder war es gerade ihr Schicksal, das sie mit ihrem Leben anders umgehen ließ? Konnten sie eine Dankbarkeit entwickeln eben weil sie erfahren hatten, dass es nicht selbstverständlich ist, gesund zu sein?

Einige erzählten, wie sie sich für andere einsetzen, wie viel es ihnen gibt, einfühlend zu helfen, da zu sein für Frauen, die Hilfe brauchen. Als ich einer Frau sagte, wie sehr ich ihr Tun bewundere, sagte sie: „Das ist ja das Schöne. Ich glaube wirklich, etwas zu geben. Aber dieses Dasein für andere gibt auch mir unheimlich viel." Und sie erinnerte mich an die Worte von Martin Buber, die ich im Referat zitiert hatte: „Das Leben ist ein Geben und Nehmen. Wer nicht beides in einem ist, ist ein schlechter Baum." Auch mir ging es so. Als die Leiterin sich bei mir mit den Worten bedankte „Sie haben uns viel gegeben mit Ihrem Referat", dachte ich, dass auch ich viel bekommen habe. Sehr bereichert ging ich heim.

Es ist ein großes Geschenk,
mit Menschen zusammen zu sein,
die nicht darauf aus sind,
immer mehr zu haben,
sondern unterwegs sind zu sich selbst;

Menschen,
die das Wesentliche suchen,
entfalten wollen, was angelegt ist;

die aufeinander hören
und voneinander lernen wollen;

die aufeinander zugehen
und für Mitmenschen einstehen;

die ihre Gefühle zeigen
und so Offenheit ermöglichen;

die herzhaft lachen können
und Trauer verstehen;

die Herausforderungen annehmen
und an ihnen wachsen;

die das Leben genießen
und für jeden Tag dankbar sind.

Menschen, die wissen,
dass sie ihrem Leben nicht mehr Tage,
aber ihren Tagen mehr Leben geben können.

JEDER IST ANDERS

Wir sehnen uns nach Liebe, sind glücklich, wenn wir verstehen und verstanden werden. Oft erleben wir aber Begegnungen, die verunsichern oder ängstigen. Auch wenn wir uns noch so sehr bemühen, wird es Momente geben, in denen wir aneinander vorbeireden, Verhalten falsch deuten, andere verletzen oder verletzt werden. Wenn wir uns in schwierigen Situationen zurückziehen, nicht sagen, wie wir uns fühlen, schaffen wir noch mehr Unsicherheit. Wir beginnen vielleicht zu zweifeln, sind traurig, fragen uns, ob wir uns getäuscht haben.

Es ist wichtig, dass wir unsere Bedürfnisse wahrnehmen und sie auch formulieren. Oft brauchen wir nicht dasselbe wie unsere Mitmenschen. Auch können sich Bedürfnisse mit der Zeit verändern. Ein Verhalten, das wir lange Zeit geschätzt haben, kann nach und nach störend wirken. Nur wenn wir miteinander sprechen, uns immer wieder aussprechen, wird das Miteinander harmonisch bleiben. Aber dieses Gespräch fehlt oft. Man fürchtet die Reaktion des Gegenübers. Weil sich unsere Wünsche, Bedürfnisse und Wertvorstellungen von denen anderer unterscheiden, kann es zu Meinungsverschiedenheiten, vielleicht sogar zu Konflikten kommen. Wichtig dabei ist, dass auch dann das Gespräch nicht abbricht oder zumindest bald wieder aufgenommen wird. Menschen, die jeden Konflikt vermeiden, werden auch kaum gute Kontakte haben.

Arthur Schopenhauers Parabel von den Stachelschweinen erzählt, wie wichtig es ist, immer wieder die optimale Distanz zu finden:

Eine Gesellschaft Stachelschweine drängte sich an einem kalten Wintertage recht nahe zusammen, um sich durch die gegenseitige Wärme vor dem Erfrieren zu schützen. Jedoch bald empfanden sie die gegenseitigen Stacheln, welches sie dann wieder voneinander entfernte. Wenn nun das Bedürfnis der Erwärmung sie wieder näher zusammenbrachte, wiederholte sich jenes zweite Übel, sodass sie zwischen beiden Leiden hin- und hergeworfen wurden, bis sie eine mäßige Entfernung voneinander herausgefunden hatten, in der sie es am besten aushalten konnten.

Wir alle erleben im Zusammensein mit anderen Menschen manchmal Dinge, die uns stechen, und Phasen, in denen wir zu wenig Wärme spüren. Damit müssen wir rechnen und oft mit viel Geduld versuchen, die Distanz oder Nähe zu finden, die für alle Beteiligten stimmt.

Unsicher

Bist du zufrieden,
wenn du lächelst,

verunsichert,
wenn du dich abwendest,

böse,
wenn du streng schaust,

traurig,
wenn deine Augen trüb,

unglücklich,
wenn deine Schritte schwer sind?

Ich weiß es nicht,
werde dir freundlich begegnen,
so vielleicht ermöglichen,
dass du sagen kannst,
wie du dich fühlst.

Empfehlungen,
die mir nicht entsprechen;
Ratschläge,
die ich nicht brauche;
Forderungen,
die mich überfordern;
Kritik,
die ich nicht verkrafte;
Urteile,
die mich verletzen,
sind wie Steine,
die ins Wasser geworfen werden.

Sie beunruhigen mich,
wühlen mich auf,
bringen mich durcheinander,
verhindern mir, zu sehen,
wer und wie ich zutiefst bin.
Ich muss mich schützen,
Grenzen setzen,
meinen Weg gehen,
auch wenn er anderen nicht entspricht.

Bitten

Lass mir Zeit,
wenn ich nachdenke;

höre mir zu,
wenn ich etwas sage;

lass mich meinen Weg suchen,
wenn ich ein Problem habe;

gib mir Antwort,
wenn ich etwas frage;

lass mich Fehler machen,
weil ich aus ihnen lerne;

hilf mir,
wenn ich dich darum bitte;

sieh meine Fortschritte,
auch wenn sie sehr klein sind;

freue dich an meinen Erfolgen,
sie spornen mich an;

gib mir Raum,
damit ich wachsen kann.

ERMUTIGUNG STÄRKT

Viele mussten sich von früh an anpassen, obwohl es ihnen nicht passte; zustimmen, obwohl es für sie nicht stimmte. Sie bemühten sich, zu tun, was andere verlangten; zu sein, wie andere es von ihnen erwarteten. Ganz tief ist die Prägung: Wenn ich bin, wie ich zutiefst bin, werde ich nicht geliebt. Das ist sehr schlimm, denn wir alle wollen uns angenommen wissen und sehnen uns nach Liebe. Arthur Miller sagte einmal: „Du selbst zu sein in einer Welt, die sich Tag für Tag bemüht, aus dir einen wie alle anderen zu machen, ist der härteste Kampf, den ein Mensch bestehen kann. Und er hört nie auf." An der Seite von einfühlsamen, verstehenden Menschen, die fördern statt fordern, eine wohlwollende Atmosphäre schaffen, liebevoll ermutigen, ist es möglich, dass Mitmenschen immer mehr wagen, zu sein wie sie wirklich sind. Oft braucht es sehr lange und sehr viel, bis jemand die eigenen Werte wieder sieht und sich freuen kann an dem, was er macht; Ja sagt zu sich selbst. Vielleicht gelingt es gar, dass jemand, der sich jahrelang hintenan stellte, wieder wagt, zu sagen, was er braucht und wünscht. Wir dürfen uns freuen, wenn wir etwas dazu beitragen können.

Ich wünsche dir,
dass du bist,
was du letztlich sein kannst.

Vergiss alles,
lege alles ab,
was du lernen musstest,
obwohl es dir nicht entsprach;
was du machen musstest,
obwohl es dir zuwider war;
was du glauben musstest,
obwohl du es nicht glauben konntest;
was du annehmen musstest,
obwohl es nicht passte;
was du ertragen musstest,
obwohl es deine Kräfte überstieg;
was aus dir einen anderen machte
als du wirklich bist.

Sei du selbst,
lebe dein Leben.

Auch wenn du nicht siehst,
dass dein Einsatz sich lohnt,
ich sehe es
und ich zeige dir,
dass ich es sehe.

Auch wenn du nicht hörst,
dass Menschen sich positiv äußern,
ich höre es
und sage es dir.

Auch wenn du nicht glaubst,
dass in dir alles ist,
was du zum Leben brauchst,
ich glaube es
und will alles tun,
dass du es nach und nach auch entdeckst.

DANKBAR SEIN

Jeden Tag erleben wir viel Positives. Für die einen ist es selbstverständlich, nicht der Rede wert. Erst wenn die positiven Erfahrungen ausbleiben, bemerken sie, wie wichtig sie für sie waren. Andere sind achtsam, freuen sich auch an kleinen Dingen und zeigen auf ganz persönliche Art, wie dankbar sie sind.

Ich habe immer wieder erlebt, dass Beziehungen, in denen gedankt wird, bessere, tragfähigere Beziehungen sind. Wichtig ist, dass wir eigene Worte finden, ein stereotypes Danke verliert nach und nach an Wert. Besondere Freude kann es bereiten, wenn wir jemandem schreiben, ihm sagen, wie wichtig für uns das Gespräch, der gemeinsame Abend, die Zuwendung war. Es gibt sehr viel, für das wir dankbar sein können. Vieles, das mich erfreut, beglückt oder stärkt, ist sogar einfach da: ein schöner Sonnenuntergang, das Zwitschern der Vögel, die wunderbaren Farben und Formen der Blumen, die starken ausladenden Äste eines Baumes. Ich genieße sie, bin dankbar für die ganze Schöpfung und gehe sorgsam mit ihr um.

Der spontane Gruß des kleinen Mädchens,
die freundliche Geste des Autofahrers,
das kurze Gespräch mit der fremden Dame,
der Hinweis auf die gefährliche Stelle,
die Rückfrage der Nachbarin
sind mir Geschenke.

Bereichert und beglückt genieße ich
den kühlen Wind in meinem Gesicht,
den Schneezauber auf den Bäumen,
die glitzernden Kristalle im Schnee.

Entrückt und verzaubert,
fasziniert und dankbar
freue ich mich auf diesen Tag,
will auf Menschen zugehen,
Feines beachten und Schwaches stärken,
feinfühlig leben und Leben ermöglichen.

Max Feigenwinter, geboren 1943, war Didaktiklehrer, Erwachsenenbildner und lange Zeit tätig als Leiter des Lehrerseminars Sargans (Schweiz). Er ist Autor mehrerer Nachdenk-Bücher sowie pädagogischer und unterrichtspraktischer Fachbücher. Weitere Informationen zum Autor finden Sie unter www.maxfeigenwinter.com

Lieferbare Titel von Max Feigenwinter im Verlag am Eschbach:
Nimm jeden Tag als Geschenk ISBN 978-3-86917-147-0
Lass dir Zeit. Eine Einladung zum Verweilen ISBN 978-3-86917-116-6
Aufstehen und Leben. Biblische Inspirationen ISBN 978-3-88671-763-7
Bunte Herbstfarben wünsch ich dir ISBN 978-3-88671-875-7
Dieser Tag ist dir geschenkt ISBN 978-3-88671-520-6
Wag deinen Weg ISBN 978-3-88671-946-4
Einfach gelassen bleiben ISBN 978-3-86917-235-4
Weihnachtlich werden ISBN 978-3-86917-431-0
Keiner ist perfekt ISBN 978-3-86917-404-4

Bildnachweis:
tai111/Fotolia

ISBN 978-3-86917-486-0

Im Alten Rathaus/Hauptstraße 37
D-79427 Eschbach/Markgräflerland

www.verlag-am-eschbach.de

Gestaltung, Satz und Repro: Angelika Kraut, Verlag am Eschbach
Schriftvorlagen und Illustration Einband: Ulli Wunsch, Wehr
Herstellung: Firmengruppe APPL, Wemding

Manufakt

Dieser Baum steht für umweltschonende Ressourcenverwendung, individuelle Handarbeit und sorgfältige Herstellung.